AMAR É SER FELIZ

Reflexões para viver melhor

WALTER RISO

AMAR É SER FELIZ

Reflexões para viver melhor

Tradução de CÉLIA REGINA RODRIGUES DE LIMA

L&PM EDITORES

Texto de acordo com a nova ortografia
Título original: *De mil amores: reflexiones para vivir mejor*

Tradução: Célia Regina Rodrigues de Lima
Capa: Planeta Arte & Diseño
Preparação: Nanashara Behle
Revisão: Mariana Donner da Costa

CIP-Brasil. Catalogação na publicação
Sindicato Nacional dos Editores de Livros, RJ

R48a

Riso, Walter, 1951-
Amar é ser feliz: reflexões para viver melhor / Walter Riso; tradução Célia Regina Rodrigues de Lima. – 1. ed. – Porto Alegre: L&PM, 2024.
168 p. ; 17 cm.

Tradução de: *De mil amores: reflexiones para vivir mejor*
ISBN 978-65-5666-488-0

1. Amor. 2. Relação homem-mulher. 3. Aforismos e apotegmas. I. Lima, Célia Regina Rodrigues de. II. Título.

24-91985 CDD: 150.195
CDU: 159.964.2

Gabriela Faray Ferreira Lopes - Bibliotecária - CRB-7/6643

Rua Comendador Coruja, 314, loja 9 – Floresta – 90.220-180
Porto Alegre – RS – Brasil / Fone: 51.3225.5777

Pedidos & Depto. comercial: vendas@lpm.com.br
Fale conosco: info@lpm.com.br
www.lpm.com.br

Impresso no Brasil – Inverno de 2024

PRÓLOGO

A experiência amorosa tem que lidar com uma quantidade considerável de mitos e crenças falsas que pretendem transformá-la em algo muito próximo da perfeição. No entanto, como tenho afirmado em meus livros, o amor não é onipotente nem necessariamente motivo de felicidade.

Acredito que, antes de qualquer coisa, ele precisa da nossa ajuda e de um adjetivo que o defina em cada caso e lhe atribua um significado mais realista. *Amor,* simplesmente, não diz muito. Então, se aceitarmos o fato de que o amor interpessoal não é perfeito por si só, assim como qualquer outra prática humana, poderíamos, por exemplo, falar de um *amor digno* ou *indigno*, *bom* ou *mau*, *saudável* ou *doentio*, *dependente* ou *independente*, *funcional* ou *disfuncional*, *adaptável* ou *não adaptável*, *satisfatório* ou *insatisfatório* e por aí vai. O amor também pode se enganar, ser inadequado ou adoecer. Enfim, o amor é humano.

Existe *um bom amor*, no qual Eros (desejo), Philia (amizade) e Ágape (ternura, cuidado com o outro) se unem para criar uma experiência afetiva saudável, plena e geradora de bem-estar. Esse bom amor também requer o que conhecemos como confiança básica: *a certeza de que a pessoa que você ama nunca o prejudicará intencionalmente* (talvez a única certeza que podemos exigir em uma relação afetiva). Um amor funcional e adaptável não está livre de conflitos, como os apaixonados pretendem mostrar às vezes, mas pode ser administrado com base no seguinte princípio: *é melhor um desacordo amigável do que um acordo insólito*, ou seja, a comunicação deve ser fluida e aberta. Um fator adicional e imprescindível para que o vínculo sentimental prospere é o *amor-próprio*. Você não pode amar alguém se não amar a si mesmo, porque a baixa autoestima, além de impedir que você defenda seus direitos e estabeleça limites, o fará acreditar que não merece o amor do outro. Quando você ama, envia ao seu parceiro uma enxurrada de informações e energia; mas, se o receptor desse afeto não ama a si mesmo, não o processará adequadamente, duvidará dele e resistirá. Para enfatizar a importância da autoestima, incluí a seção "O amor-próprio" no capítulo "O bom amor". Poderíamos ainda acrescentar outros componentes facilitadores de um bom amor: humor/sintonia, respeito, generosidade ou admiração. Todos esses elementos constituem uma estrutura funcional, um esquema emocional, em que o amor se reinventa a si mesmo, cresce e se expande, além de ser motivo de alegria. O filósofo André Comte-Sponville, inspirando-se na *Ética* de Spinoza, afirma que amar é "sentir alegria pela existência do outro". E Aristóteles dizia: "Amar é alegrar-se". Não é que tudo deva ser um mar de rosas, mas, no balanço final, o bem-estar tem que imperar sobre o mal-estar. E o mal-estar nunca deve se originar da violação da dignidade ou dos direitos humanos. Amar é uma experiência vital que tem sua própria evolução. Prefiro dizer "Estou te amando" a "Eu te amo", porque o amor é uma construção (social e pessoal) na qual tentamos ajustar, de maneira criativa, os componentes mencionados; é uma construção que nunca se completa, um sentimento em permanente processo de crescimento. Em outras palavras, um amor satisfatório se manifesta na tendência de crescer para o bem. Você o constrói com a pessoa que ama, determinando a quantidade de elementos que ele deve possuir para que o resultado seja o melhor possível.

O *mau amor*, pelo contrário, não trabalha para o desenvolvimento pessoal, você não avança como indivíduo, mas se funde com o outro. Muitas vezes, o casal diz que se ama e, paradoxalmente, sofre demais: eles não se ajustam, há inseguranças, ansiedade, ressentimento. Um amor disfuncional pode apresentar falhas em um ou mais elementos que tornam um amor saudável. Talvez haja desacertos quanto ao desejo, à amizade, à confiança básica, à comunicação, à sintonia, ao respeito, à admiração; ou a relação pode estar ancorada no egoísmo e na falta de expressão do afeto. O que leva a um mau amor? Entre outras coisas: o medo da solidão e/ou de que ninguém o ame se você ficar sem parceiro, a esperança irracional, as crenças religiosas, achar que você deve dar outra oportunidade ao relacionamento (embora já tenha dado várias), o sentimento de culpa ou pena em relação à outra pessoa e a crença de que deve insistir e nunca se dar por vencido (mesmo que há muito tempo venha esperando o milagre de aperfeiçoar seu parceiro). O que quero enfatizar é que o mau amor acaba prejudicando nossa saúde mental quando nos apegamos teimosamente a ele, como a uma tocha ardente.

Portanto, como vemos, o panorama do bom amor é maravilhoso e produz alegria, ao passo que o mau amor é muito insuficiente, gera medo e dor. Cabe a você a tarefa de transformar seu relacionamento ruim em um amor digno, saudável, funcional, adaptável, satisfatório e tudo o mais que você quiser.

As frases desta obra se originam de minhas redes sociais, dos meus livros ou foram usadas em meus atendimentos psicológicos. O poder da palavra é enorme. Esses enunciados, em sua maioria, baseiam-se em princípios mais generalizados sobre o que é o amor e funcionam como máximas que, além de nos conscientizar sobre o assunto, contêm um corpo de conhecimento mais amplo. Por exemplo, a afirmação "em uma relação afetiva, quem tem o poder é quem precisa menos do outro" implica a ideia de que existe entre os casais uma luta pelo poder, mesmo que oculta, e que esse poder se refere ao desapego que cada um é capaz de demonstrar na relação. Em outras palavras, "se eu precisar de você menos do que você precisa de mim, eu poderia prescindir de você mais facilmente do que você poderia prescindir de mim". Quem tem o poder numa relação de amor é aquele que tem menos dependência. Outro exemplo: "Quem te magoa não te merece". Essa frase alude a várias questões, como a dignidade pessoal, a importância de defender nossos princípios e valores, a recusa de qualquer tipo de abuso e a ideia de que uma relação desse tipo não vale a pena.

Minha sugestão é que, quando um dos enunciados tocar você, guarde-o bem em seu íntimo por vários dias, observando cuidadosamente o que ele provoca e como pode lhe ser útil. Outra opção é ler e reler, permitindo que a ideia fique gravada em sua memória sem que você faça nenhum tipo de consideração, como quem planta uma semente.

Espero que este livro o acompanhe e o estimule a continuar investigando as adversidades de um amor que, sem dúvida, determina a qualidade da sua vida e grande parte do desenvolvimento do seu potencial humano.

Barcelona,
5 de outubro de 2018

O BOM AMOR

O AMOR-PRÓPRIO

Evite o sacrifício irracional: não se anule para fazer seu parceiro feliz.

Não se rebaixe
diante de ninguém!
As palavras que você
disser não vão mudar
o comportamento
de quem nada sente
por você.

Que alegria é
participar da
sua vida! Mas
nunca se esqueça:
eu não pertenço
a você.

Agora, em
algum lugar do
mundo, neste
preciso instante,
existe alguém
que ficaria feliz
em estar ao seu lado.

Amar o próximo
como a si mesmo
nos permite
entrelaçar o amor
pelos outros com
o amor-próprio.
Amar você como
me amo é aceitar
que existe um eu
e um você, é
reconhecer-me como
um ser legítimo
que merece e
que dá carinho.

O amor não
justifica tudo.
Às vezes,
a justiça é
mais importante;
a liberdade
pesa mais.

O limite do
amor é perder
a si mesmo no
outro ou na outra.
Ame quanto quiser,
mas seja fiel aos
seus valores, é
isso que importa.

Apaixone-se por
você, seja
corajoso, comece
um romance
consigo mesmo,
num "eu mais
elevado", que
o torne cada
dia mais feliz.

É muito difícil
amar uma pessoa
que não se valoriza:
ela achará que
você está mentindo,
que não pode
ter tanto mau
gosto assim ou
que sente pena dela.

O amor sempre
envolve duas
pessoas, mas
é preciso preservar
a individualidade,
ou seja, não
renunciar à
própria identidade.
Seja você sempre,
a todo instante,
e certamente o
amor o inundará.

A pessoa que
eu amo é uma
parte importante
da minha vida,
mas não a única.
Se eu perder
a capacidade de
bisbilhotar, fofocar
e me surpreender
com outras coisas,
ficarei preso
na inércia.

A solidão
emocional, se
for imposta,
causa tristeza;
se for por escolha,
é libertação.

Não é
necessário que
ninguém o defina
ou complete.
Você vem pronto
da fábrica, com
todas as suas
características
organizadas:
é a sua essência.

Seu parceiro
não precisa
definir ou
completar você.
Cabe a você
validar-se.

Quem te
magoa
não te
merece.

Se você não
é amado,
não implore
nem se ajoelhe:
faça as malas
e diga adeus.

Se você não
for amado,
aprenda a
perder e
afaste-se
com dignidade.

Eu te amo,
mas poderia
viver sem você,
apesar da dor
em minha alma.

Se o amor
o aprisiona e
lhe tira a
liberdade,
fique longe
do carcereiro:
a escravidão
desumaniza.

Eu lhe entrego
a sua vida
e recupero a
minha: cansei
de cuidar
de você.
O desamor
me apontou
o caminho.

Por estar tão
envolvido com
você, eu
me perdi.
E quando
me encontrei,
felizmente,
você não
estava mais lá.

Eu te amo, mas
vou te deixar,
é uma mistura
de liberação
e realismo afetivo.

Ame quando
estiver pronto,
não quando
estiver sozinho.

O AMOR AO OUTRO

Ame e faça
o que quiser,
menos enlouquecer,
menos sofrer
desnecessariamente.

Amar é
incluir o
outro em
suas próprias
fantasias, mesmo
que seja como
observador.

Amar é
mergulhar,
não rastejar.

Amar com reservas?
Sim, com a
firme convicção
de que amar
alguém não
implica
negociar
seus princípios.

Amar é uma
aventura de
dois egos que
se abraçam.

Amar não é
"sequestrar" a
pessoa amada,
apropriar-se dela
ou possuí-la como
um objeto; amar é
dar-lhe asas e
acompanhar
seu voo.

Amar não
é perder
a individualidade
nem distorcer
a visão de mundo;
é reafirmar-se
ao lado do outro,
crescer "a dois",
sendo distintos
e únicos.

Amar não
é submeter-se.
A submissão
é patológica;
o bom amor
sempre anda
de cabeça erguida.

Amar sem apego
é amar sem medo.
É assumir o direito
de explorar
intensamente
o mundo, cuidar
de si mesmo
e inventar o
sentido da vida.
É fazer as pazes
com a incerteza.
É jogar as certezas
no lixo e deixar
que o universo
cuide de nós.
É aprender
a renunciar.

Devemos amar
o que o outro é,
sem disfarces
nem mentiras,
ou não é amor.

O amor é feito
de silêncios,
quando não é
necessário falar,
quando a
comunicação
é tão implícita
como autêntica:
ame sem palavras
e deixe o olhar
comandar.

O amor desejado
(princípio
do prazer)
e o amor pensado
(princípio
da realidade),
ambos, emoção
e razão,
devem vir
em proporções
adequadas.

Embora
acreditemos
ter controle e
nos vangloriemos
disso, o amor
se acomoda
a seu bel-prazer
na pessoa
amada.

Embora nem
sempre seja
fácil alcançá-lo,
o amor digno
encontra-se em
um ponto
intermediário
entre “ser totalmente
para o outro”
e “ser totalmente
para si mesmo”.

Combinar bem
com uma
pessoa, mental e
emocionalmente,
é uma questão
de sorte.
É como
tropeçar na
felicidade.

Confiar na pessoa
que você ama
é ter certeza
de que ela nunca
o prejudicará
intencionalmente.

Quando o amor
bate à porta,
entra como
um vendaval:
não é possível
deixar lá fora
o que é ruim
e receber
só o bom.

Quando Eros
está em chamas,
as diferenças
de gênero
desaparecem:
não somos de Marte
nem de Vênus,
mas sim terráqueos
apaixonados,
sufocados de amor,
repletos de desejos.

De carícia
em carícia,
o amor nos
transporta
para além
dos defeitos.

Respeitar
a intimidade é
amar de
modo sutil
para evitar
surpresas e
encontros
inesperados.
Respirar o
mesmo ar
sem contaminá-lo
e compartilhar
o amor sem torná-lo
necessariamente
explícito.

Declarar-se
afetivamente
livre é promover
o amor sem
opressão, afastar-se
daquilo que é
prejudicial e
estabelecer contato
com o carinho.

Dizem que
"por trás de um
grande homem
há sempre uma
grande mulher".
Quem disse
semelhante
estupidez?
Por que não
"na frente"?

O afeto se
decanta com
os anos,
destacando
sua essência
e ressaltando sua
natureza original:
Eros se acalma
e se transforma
em erotismo,
a amizade
se aprofunda
e a ternura
assume o
comando.

O amor é
uma condição
necessária, mas
não suficiente
para ser fiel.
A fidelidade
também é
uma decisão,
um ato
da vontade.

O amor
não se prega,
se demonstra.

O amor não
tem idade,
mas os
apaixonados,
sim.

O amor confere
valor, e não
o contrário.
Você não ama
seu filho
ou sua filha
porque eles
esbanjam beleza,
você os acha belos
porque os ama.
O mesmo acontece
com sua pátria,
sua terra
e suas tradições.
O amor não
se justifica,
ele é sentido.

O verdadeiro
amor flutua,
cai, sobe,
se enrosca,
cresce e explode:
nunca está parado
e é móvel
por natureza.
Embora não
percebamos,
ele se desloca,
escorrega, é
mutável
e obstinado.
Flua com ele
e desfrute-o.

O amor
é construído
dia após dia,
é trabalhoso,
mas desfrutável.
Nenhum amor
resiste se
ficarmos de
braços cruzados.

O amor se prova
com ações reais,
sem trapaças
nem autoengano.
Seja bom, ruim
ou regular,
aja sempre
abertamente,
sem máscaras.

O desapego
é apenas
uma escolha
expressa em
altos brados:
"O amor
é a ausência
de medo!".

A paixão
distrai,
o amor
desperta.

O fato de
você desejar
seu parceiro,
apreciá-lo de
cima a baixo,
não ver a hora
de se jogar
em seus braços,
desfrutar sua
presença,
seu sorriso
ou sua mais
terna estupidez,
não significa
que você sofra
de apego.

No amor
sincero
e maduro,
a comunicação
é sempre
audaciosa,
indiscreta
e espontânea.
Ou seja, livre!

No amor,
é tentador
encontrar um
bom amo
e não se
tornar escravo,
e é igualmente
estimulante
encontrar
um bom
escravo
e não se
tornar amo.

Em um bom
relacionamento,
ninguém pertence
a ninguém.
A relação
amorosa é o
roçar, a carícia
de essências
que flertam
e envolvem.

Eros existe e
funciona. Se
deseja seu parceiro
como sua sobremesa
favorita, você o
consome. Às vezes
fica enjoado, mas no
dia seguinte volta
com o mesmo
ímpeto. O prazer
não se esgota,
assume outras
formas, percorre
outros caminhos,
mas sempre
atinge o alvo.

É fácil lutar
pelo poder,
impor-se e
competir;
é fácil inflar
o ego.

No entanto,
é muito
mais difícil
entregar as
armas podendo
vencer a batalha,
recuar e apaziguar
o instinto de
sobrevivência.
Por que
fazer isso?
Por puro
amor, porque
assim desejamos.

Na cama ou
fora dela,
o amor
sempre deve
ser horizontal.

Fazer por fazer,
amar por amar,
rir por rir,
gargalhadas puras,
com ousadia
e arrogância.
Persistir na alegria
de te amar
até explodir.

Independência
não é desamor;
é renovação,
é ser você
mesmo, apesar
do amor
e acima dele.

Independentemente
do prazer que
nos proporciona,
o amor sempre
arrebata, reclama
e expropria algo
importante de
nós mesmos.
É preciso se
preparar para isso.
Às vezes, ele
devolve com
juros; outras, não.

A fidelidade
não é ausência
de desejo; é
um misto de
autocontrole
e determinação.
O que define
o amor não é
o ato sexual,
mas o pós-sexo.
Quando Eros
se vai, você
fica diante
do outro,
literalmente nu.

O realmente
majestoso
no amor está
nos pequenos
detalhes:
o "eu te amo"
inesperado,
o piscar de olhos,
o sorriso cúmplice,
o olhar oportuno.

Eu aprecio
o "individualismo
altruísta" no amor:
"Eu te amo
e me amo",
"Eu cuido de você
e cuido de mim",
"Confio em você
e também
em mim".

Não ambiciono
uma eternidade
com você,
mas a plenitude
do agora
ao seu lado.

Não existo
em função
de você,
mas com
você.

Não há
nada mais
hipersensível
do que o amor,
nada mais
arrebatador,
nada mais vital.
Renunciar a ele
é viver menos
ou não viver.

Não existe
relação sem risco.
O amor é
uma experiência
perigosa e atraente,
às vezes dolorosa
e sensorialmente
encantadora.

Não idealize
o ser amado:
veja-o como
ele é, cruamente
e sem anestesia.
O bom amor
é realista.

O importante
não é o quanto
você é amado,
mas de que
maneira.

Não existe amor
sem delicadeza,
sem a profunda
decisão e a intenção
de não magoar.

Ninguém pode
obrigá-lo a
amar, nem você
pode exigir isso.
O amor
vem quando
quer e vai
quando quer.

Não quero
te amar mais,
mas melhor.
Além do amor,
podemos
construir a
amizade.

Eu não te amo,
"estou te amando".
No gerúndio,
processo vivo,
como uma
chama eterna,
aqui e agora.
A construção
do amor
nunca termina;
nós o inventamos
e reinventamos
passo a passo.

Não preciso
de você,
eu prefiro
você.

Quero que
você me aceite,
não que
me "aprove".
Ame sem exames
de admissão:
amar não é julgar.

Lembre-se: o desejo
move o mundo
e a dependência
o imobiliza.
A ideia não é
reprimir os anseios
naturais que surgem
do amor, mas
fortalecer a capacidade
de se libertar
quando necessário.

Você saberá
que é realmente
amado quando
puder se mostrar
como é, sem medo
de se magoar.

Se alguém
me dissesse:
"Eu te amarei
para sempre",
eu perguntaria,
antes de ficar feliz:
"De que tipo
de amor você
está falando?".

Se você
não anseia
por algo ou
por alguém,
se nada agita
sua alma,
se nunca
sente entusiasmo,
algo está errado,
algo o detém;
você vive
pela metade.
Ainda não
encontrou
o amor.

Se você
pensa que
amar é
sinônimo
de felicidade,
está errado.

Se você quer
realmente
compreender a
pessoa que ama,
olhe-a como
se fosse a
primeira vez,
sem o peso
da memória.

Se você sente
que não há
erotismo na
sua relação,
não se resigne,
deixe aflorar
sua rebeldia,
ative a
imaginação e,
se o outro
se escandalizar,
confronte-o,
convença-o,
expresse sua
verdadeira
necessidade, sem
tabus nem vergonha.

Se você tem
que explicar
a piada ao
seu parceiro,
algo está errado.
No amor,
a sintonia
mais importante
é a do humor.
Além do contato,
do riso.

Em algum lugar,
sempre haverá
alguém disposto
a amá-lo
como você
deseja.
Deixe a
sua marca
e o encontrarão.

O MAU AMOR

O poder
afetivo
está sempre
nas mãos
daquele que
precisa menos
do outro.
Abusar disso
acaba com
o amor
e com o
relacionamento.

Maldita esperança
que me mantém
preso à ideia
de que
um dia
você vai
me amar.
Melhor seria
te mandar
para o inferno!

Quando o amor
perde seu
sentido vital?
Pelo menos em
três situações:
primeiro, quando
não amam você;
segundo, quando
não consegue
sua realização
pessoal; e
terceiro, quando
seus princípios
são violados.

Por que
você quer
ouvir palavras
doces de
quem torna
sua vida amarga?

Como enfrentar
a obstinação
amorosa?
Seja realista
ao extremo,
veja as coisas
como são,
tenha coragem
e suporte a dor.

O ciúme é
uma possessão,
não importa
como tentem
pintá-lo.
É acorrentar
o outro
em nome
de um amor
doentio.

"Eu faria
qualquer coisa
por você,
se me pedisse."
Quem nunca
disse essa frase
alguma vez,
sob o efeito
hipnótico
da paixão?
E quantos
não se
arrependeram
depois?

Quando
alguém afirma:
"Não posso
viver sem
você", já deixou
de ser razoável
e está
esbarrando no
apego afetivo.

Quando
alguém
não sabe
se te ama,
é porque
não te ama.

Quando
surge o amor
obsessivo,
nada parece
detê-lo.
O senso comum,
a farmacoterapia,
os médiuns,
a regressão
e a hipnose
falham em
uníssono.
Nem magia,
nem terapia.
A dependência
afetiva é o
pior dos vícios.

Quando
tentamos imitar
outras experiências
afetivas,
desidratamos
o amor,
transformando-o
em uma réplica
grosseira ou,
no máximo,
em uma
boa falsificação.

Se a dependência
sexual é recíproca,
tudo corre
às mil maravilhas.
O relacionamento
torna-se quase
indissolúvel.
Mas, se o apego
é unilateral
e não correspondido,
aquele que
mais precisa
do outro
acaba mal.

Quando você olha
serenamente
nos olhos do
seu parceiro
e só vê o brilho
do seu reflexo,
o amor se foi.

Quando você
pensa que seu
parceiro é tudo,
o prazer na vida
se reduz à sua
mínima expressão:
a do outro.
É como
tentar entender
o mundo olhando
pelo buraco
da fechadura
em vez de
escancarar
a porta.

O amor
é para
os corajosos.
Se você vive
ansioso,
temendo perder
sua alma gêmea,
as coisas não
vão dar certo.
O "medo
amoroso"
corrói.

O amor
deve ter
uma qualidade
total; o bom
não encobre
o ruim.
Se o seu parceiro
é afetuoso
de manhã
e o maltrata
à noite,
o abuso
não se dilui
no carinho
matinal.

O amor nunca
é ignorante.
Se alguém
não sabe
que te ama,
não te ama.

O apego adoece,
castra, incapacita,
elimina critérios,
degrada e subjuga,
deprime,
estressa, assusta,
cansa, desgasta
e, finalmente,
acaba com
qualquer resquício
de humanidade
disponível.

Ele: "Até onde
você me ama?".
Ela: "Até o céu,
e você?".
Ele: "Além do céu".
Eu pergunto:
não é melhor
um amor terreno
do que um
amor astral?

Nos amores
impossíveis ou
tóxicos, a
esperança não é
a última que
morre, mas
a primeira.

Existem
amores
que matam
por asfixia.

Há amores
que são
como um ovo
sem sal:
insípidos...

A pessoa
apegada vive
um paradoxo
patético: para
evitar o sofrimento,
estabelece o apego,
que aumenta o nível
de sofrimento,
levando-a novamente
a fortalecer
o apego
para sofrer
mais uma vez.

Por sua
imaturidade
emocional,
a pessoa
apegada
geralmente não
se arrisca
porque o risco é
desconfortável:
"Mais vale
o ruim conhecido
do que o bom
por conhecer".
Enfrentar o novo
sempre assusta.

A possessão
afetiva,
em qualquer
forma e sob
qualquer pretexto,
é desumanizante.

O pior não é
ser escravo
da pessoa que
amamos;
o cúmulo
é ser um
escravo "feliz".

Mendigar
amor é a
pior das penúrias,
porque o que
está em jogo
é a sua pessoa,
e se o outro,
aquele que está
"por cima",
aceita dar esmolas,
não vale a pena.

Muitos casais
entram em
uma espécie de
canibalismo mútuo,
no qual cada
um devora
o outro até sumir.
Eles se absorvem
como duas
esponjas grudadas.
Só enxergam
pelos olhos
do parceiro.

Não há apego
sem medo,
não há dependência
sem humilhação,
não há vício
sem escravidão.

Você não
precisa se
mostrar abatido,
suplicante, com ar
sofredor e nem
rastejar diante
da pessoa amada
para provar
que está
apaixonado.

Ninguém
pode viver
sem afeto,
com certeza;
mas podemos
amar sem
nos escravizar.
Uma coisa
é defender
o laço afetivo,
e outra,
bem diferente,
é se enforcar
com ele.

O tédio,
lentamente,
leva ao
desamor.

Dizer que
amar é como
ter borboletas
no estômago
24 horas
por dia é,
antes, um mito;
às vezes,
são morcegos.

Se você
acha que
seu parceiro
é perfeito,
deve fazer-lhe
reverências
em vez de
fazer amor.

Se o amor
não é visto
nem sentido,
ele não existe.

Se você
não sente
a minha dor,
é porque
não me ama.

Se você
não é capaz
de amar e
ser amado
com dignidade,
é melhor
não amar.

Se uma
pessoa não
sente a sua dor,
ela não o ama.
Seja quem for:
familiar, amigo
ou amante.
Afaste-se.

Se o seu
parceiro não
compartilha
sua alegria
nem sua dor,
é melhor você
pensar bem.
Se não há
sequer um
atrito emocional,
não há nada.

Se a sua
felicidade
mal me toca,
se as suas
loucuras não
me surpreendem,
se as suas carícias
nem me fazem
cócegas,
meu amor é,
no mínimo,
suspeito.

Se você quer
imortalizar
o amor,
acabará assistindo
ao seu funeral.
Se começar
a dizer frases
como "preciso
de você", "sem
você não sou nada"
ou "sem você
minha vida
não tem sentido",
é porque já entrou
no mundo da
dependência
emocional.

Sem
autonomia
não existe amor,
apenas uma
dependência
complacente.

Essa história
de ser a "metade
da laranja"
é uma metáfora,
mas não
acredite nisso.
Às vezes,
é metade
de um
limão azedo.

Um prego
nem sempre
tira o outro;
às vezes, os
dois ficam
lá dentro.

Bendito
desamor,
aquele que
te liberta
de um parceiro
insuportável!

Amor dos
corajosos.
O amor é
transpiração
e luta,
é conquistado
e construído
no dia a dia.

Se você
sentir que
o amor não
está indo
na direção
desejada
e tropeça várias
vezes no desamor,
declare-se em
greve afetiva.
Chega!

Quando deixar
de ser amado,
você saberá,
mesmo que não
lhe digam.
Sentirá no fundo
da sua alma,
porque a indiferença
nunca passa
despercebida.

O amor tem
dois inimigos
principais:
a indiferença –
que o mata
lentamente –
e a desilusão –
que o destrói
de uma vez.

Diante do
desamor,
os homens e
as mulheres
se parecem muito.
Eles não são
de Marte
nem de Vênus,
mas sim
terráqueos
desesperados.

Ninguém
se resigna
à indiferença:
é preferível a dor
da ruptura
a um amor
insensível.

Não sinto lhe
dizer adeus,
o que dói
realmente
é o tempo
perdido
ao seu lado.

Se você fica
entediado
com seu parceiro,
algo está errado.
Porque, quando
surge a rotina,
começa o desamor.
Separação é sinônimo
de fracasso?
Depende, às vezes
é libertação
ou sorte.

As boas
separações
são instrutivas:
elas lhe
mostram
tudo o que
você não
quer mais
do amor.

O oposto
do amor
não é o ódio,
é a indiferença.

lepmeditores

www.lpm.com.br
o site que conta tudo

Impresso na Gráfica COAN
Tubarão, SC, Brasil
2024